Aventuras al aire libre

Maria Koran

EYEDISCOVER

Ve a **www.openlightbox.com** e ingresa el código único de este libro.

CÓDIGO DEL LIBRO

AVR96245

EYEDISCOVER te trae libros mejorados por multimedia que apoyan el aprendizaje activo.

Published by Lightbox Learning Inc.
276 5th Avenue, Suite 704 #917
New York, NY 10001
Website: www.openlightbox.com

Library of Congress Control Number: 2022952263

ISBN 978-1-7911-5420-2 (hardcover)

Printed in Guangzhou, China
1 2 3 4 5 6 7 8 9 0 27 26 25 24 23

022023
102522

English Project Coordinator: John Willis
Spanish Editor: Sara Cucini
Layout: Ana María Vidal
English/Spanish Translator: Translation Services USA

The publisher acknowledges Alamy, Getty Images, and Shutterstock as its primary image suppliers for this title.

Aventuras al aire libre

En este libro aprenderás

- qué son
- cuántos tipos hay
- dónde se realizan

¡y mucho más!

Hay muchas personas que realizan actividades al aire libre. Les encanta salir a pasear y ejercitarse en medio de la naturaleza.

6

Los amantes de la naturaleza suelen ir de campamento. Arman una carpa o refugio y duermen al aire libre.

El senderismo es otra actividad que se practica al aire libre. Los senderistas realizan largas caminatas por senderos en medio de la naturaleza.

10

Muchos también recorren caminos a caballo. Algunas cabalgatas son cortas, pero otras pueden durar varios días.

Los ciclistas de montaña deben tener fuerza, equilibrio y destreza. Usan bicicletas con ruedas grandes para andar por todo tipo de terrenos y bajar por las montañas.

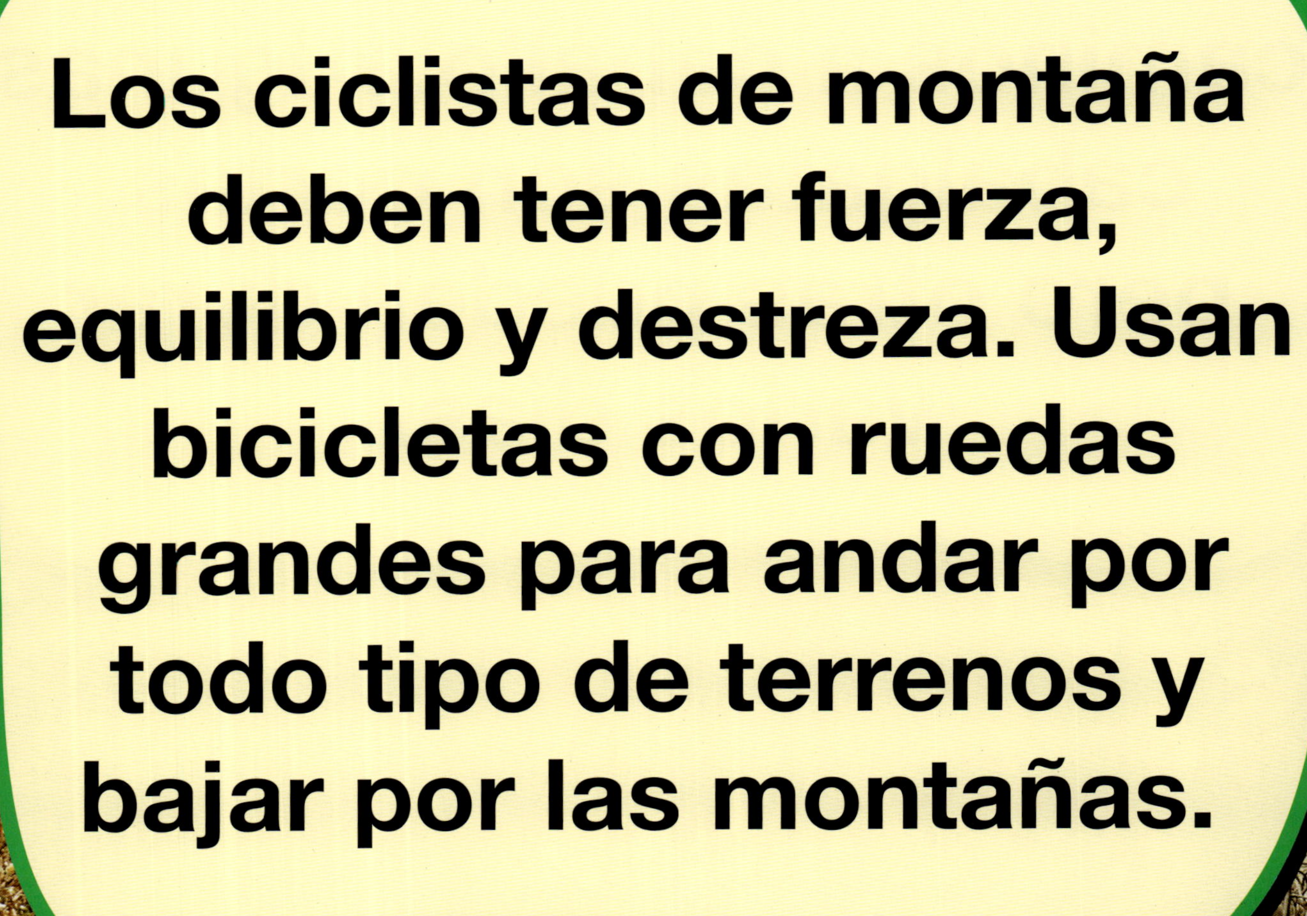

NRS
NRS

Los que practican descenso de rápidos usan balsas inflables para ir corriente abajo por ríos caudalosos.

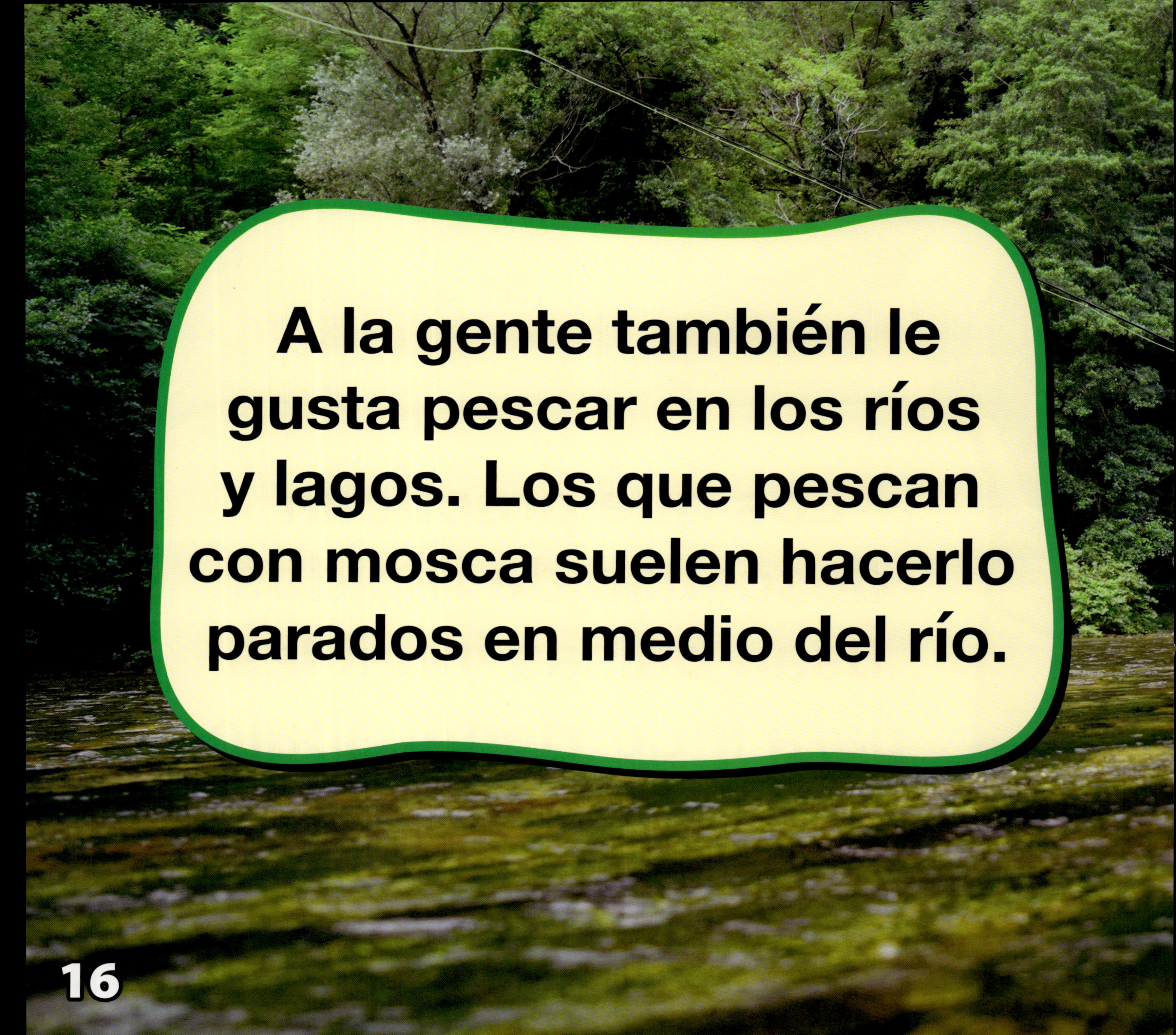

A la gente también le gusta pescar en los ríos y lagos. Los que pescan con mosca suelen hacerlo parados en medio del río.

18

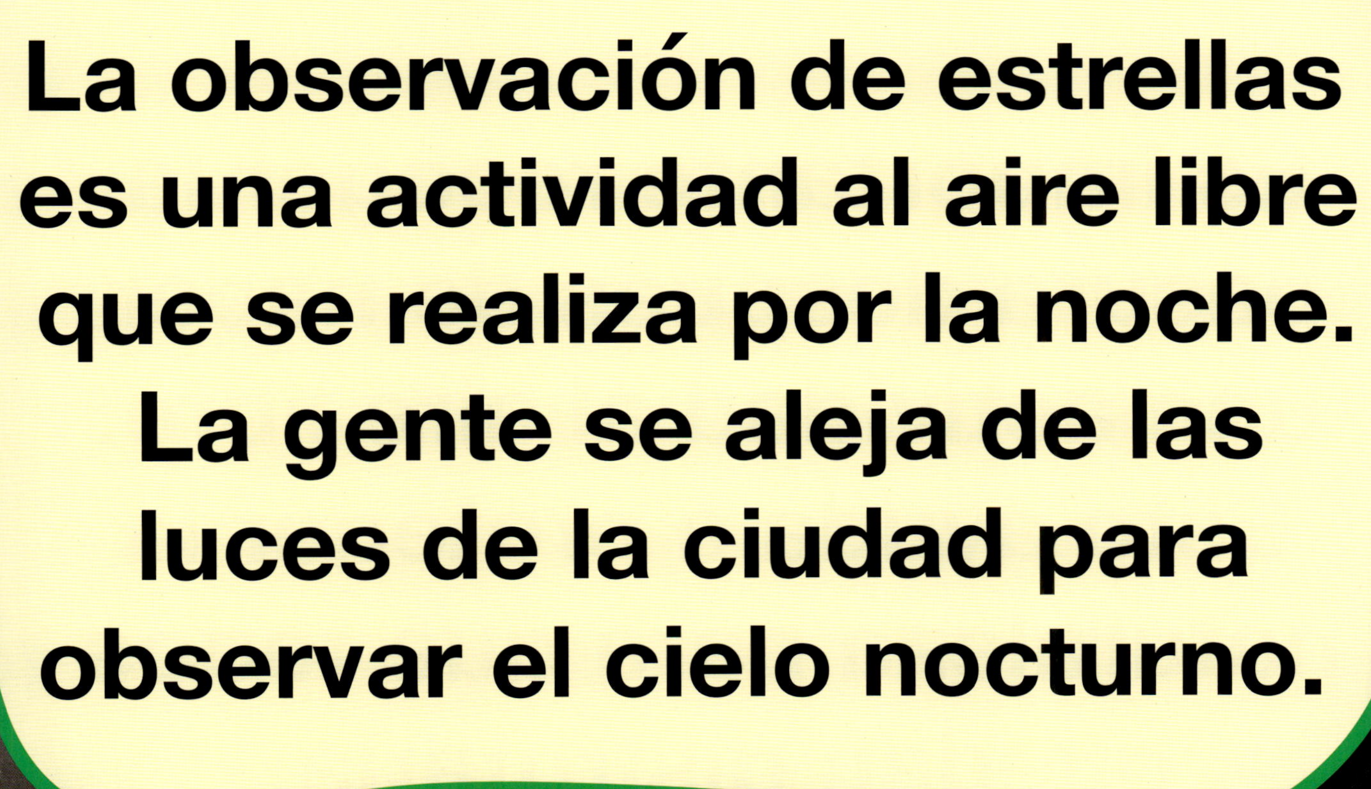

La observación de estrellas es una actividad al aire libre que se realiza por la noche. La gente se aleja de las luces de la ciudad para observar el cielo nocturno.

Es importante recoger la basura después de hacer una actividad al aire libre. Esto ayuda a proteger la naturaleza para que todos puedan disfrutarla.

AVENTURAS AL AIRE LIBRE EN NÚMEROS

Aproximadamente **4 de cada 10 campistas** de Estados Unidos **acampan** en un **parque estatal**.

La gente ha montado **caballos** por más de **5000 años**.

Más de **44 millones** de personas **al año** practican **senderismo** en los Estados Unidos.

En una **noche despejada**, lejos de las luces de la ciudad, se **pueden ver** más de **2000 ESTRELLAS**.

El ciclismo de montaña se convirtió en deporte **olímpico** en 1996.

Más de **55 MILLONES** de **estadounidenses practicaron pesca** en **2020**.

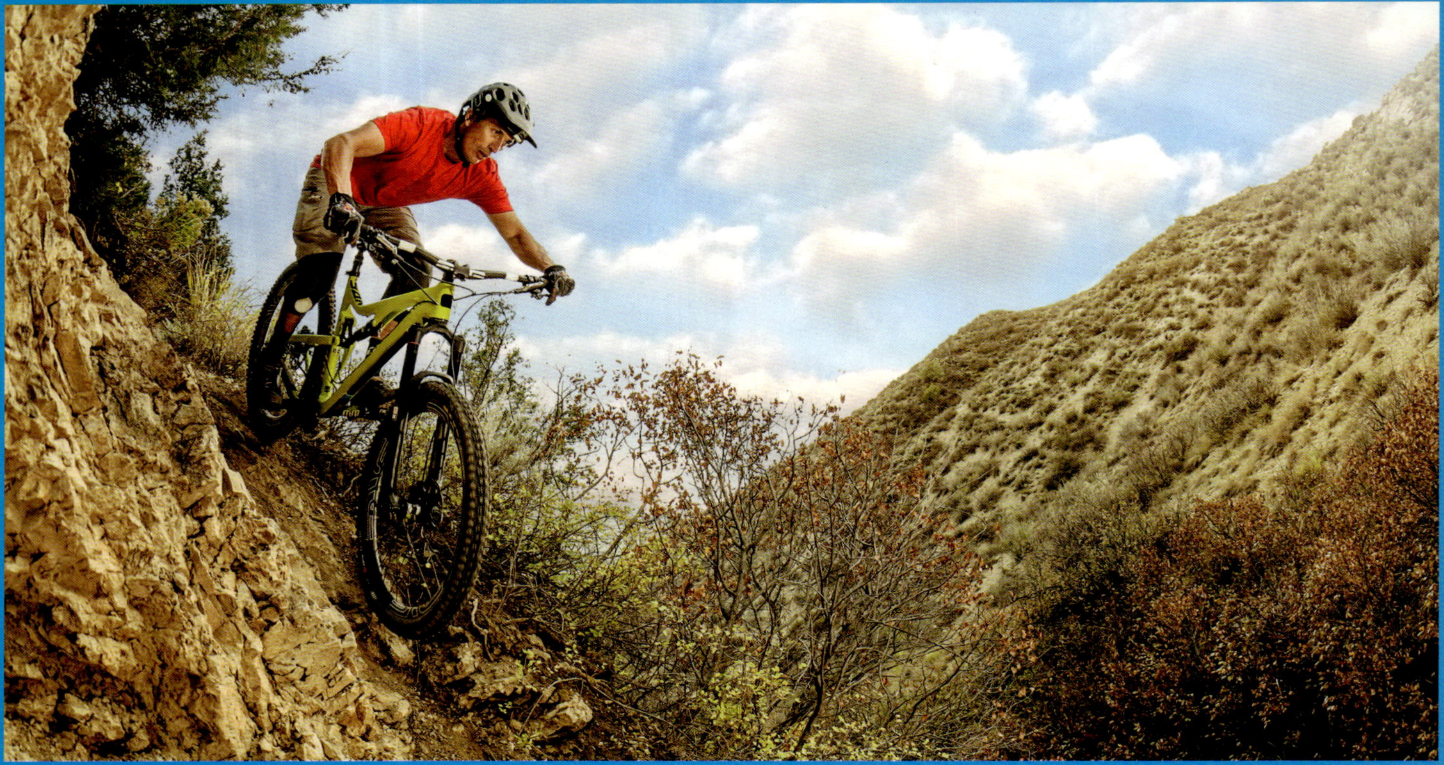

Mira
El contenido de video da vida a cada página.

Navega
Las miniaturas simplifican la navegación.

Lee
Sigue el texto en la pantalla.

Escucha
Escucha cada página leída en voz alta.

Ve a www.openlightbox.com e ingresa el código único de este libro.

CÓDIGO DEL LIBRO

AVR96245